W0053454

Jonathan Byron's

DIE WELT IN 60 MINUTEN

STEFAN THULL

MÄNNERMODE

in 60 Minuten

THIELE  VERLAG

Inhalt

Intro

Jeder kennt das Gefühl: Man möchte etwas mehr über ein Thema wissen, ist sich aber nicht sicher, wo man am besten startet. Denn: das Gebiet scheint endlos! Und sogar das Wissen einer ganzen Kultur in nur einer Stunde – wie soll das gehen?

Anders als bei der Damenmode ist es ohne Probleme möglich, Männermode in 60 Minuten zu erklären. Die Leserinnen und Leser dieses Buches werden sicherlich nicht alles über Herrenbekleidung wissen, wenn sie es nach einer Stunde Lektüre zuklappen. Doch sie haben durchaus einen fundierten Einblick in dieses spannende Thema gewonnen, das für viele Männer immer noch ein Buch mit sieben Siegeln ist.

Vielleicht haben Sie, lieber Leser, dieses Buch geschenkt bekommen (denn es scheint fast ausgeschlossen, dass ein Mann es sich selber kauft) und werden es trotzdem wissbegierig lesen.

Dann wird Ihnen klar werden, dass man(n) das, was man am Körper trägt, auch ohne Mama, Freundin, Frau oder Geliebte kaufen kann, ohne von Erröten oder plötzlichem Stottern befallen zu werden. Auch wenn noch immer in den meisten Fällen das weibliche Geschlecht vorgeschoben wird mit dem Standardspruch: »Wir hätten gerne ein Hemd …« Und die Männer scheinbar teilnahmslos daneben stehen und hoffen, der Kelch möge möglichst schnell an ihnen vorübergehen. Manche Männer würden lieber nackt herumlaufen, als selbstbewusst in ein Geschäft zu gehen und zu sagen: »ICH hätte gerne ein Hemd!«

Dieses kleine Buch ist eine kompakte und kurzweilige Einführung in die faszinierende Welt der Herrenbekleidung. Für alle, die sich perfekt anziehen und dabei wohl fühlen wollen. Ob Wäsche, Hosen, Hemden, Krawatten, Anzüge, Schuhe oder auch Accessoires – der Mann von heute (und seine Begleiterin) findet hier einen Wegweiser durch das Labyrinth der Mode. Ratlos vor dem Kleiderschrank? Unsicher wegen der

Krawatte? Das soll bald Schnee von gestern sein! In diesem Vademecum für den Mode-Einsteiger geht es nicht zuletzt darum, das modische Selbstbewußtsein jedes Mannes erheblich zu steigern.

Köln, im Juni 2010   Stefan Thull

Die Wäsche

Wäsche für drunter, also Unterwäsche, wie wir sie heute kennen, gibt es erst seit Anfang des zwanzigsten Jahrhunderts. Noch bis in die fünfziger und sechziger Jahre war es nicht selbstverständlich, dass die Wäsche täglich gewechselt wurde. Und laut neuesten Umfragen wechseln etwa 13 Prozent der Männer ihre Unterwäsche auch heute nur alle zwei Tage, manche sogar erst am dritten Tag. Dass der interessierte Leser dieses Buches natürlich nicht dazu gehört, versteht sich von selbst. Dabei hat die Mode der Herrenwäsche eine nicht ganz so rasante Entwicklung durchgemacht wie die Dessous der Damenmode.

Die verschiedenen Formen der Herrenunterhosen sind daher auch eher übersichtlich. Eigentlich gibt es nur zwei Formen: Boxershorts und der normale Slip. Wichtiger scheint es zu sein, einen auffälligen Designernamen auf dem Bund zu tragen. Da von jüngeren Männern die Jeanshosen unterhalb der Hüften getragen werden, wirkt die daruntergetragene Unterhose als zusätzliches Accessoire. Die beiden wichtigsten Farben sind Weiß und Schwarz. Gekauft werden die Hosen für drunter gerne von den Damen, die sich allerdings oft mit der Größe verschätzen. Das liegt zum einen daran, dass die Größen und auch die Umrechnung für die Hersteller nicht verbindlich sind, zum anderen fallen die Größen bei den verschiedenen Formen unterschiedlich aus.

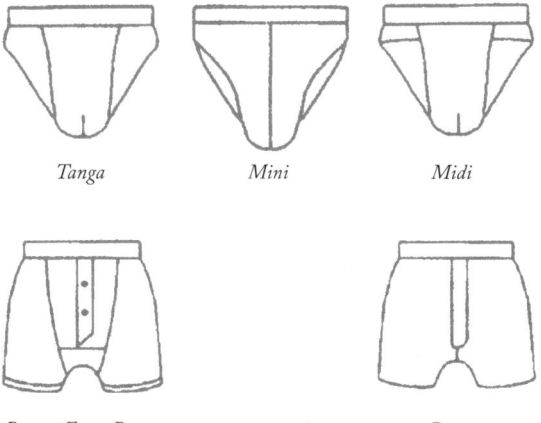

Tanga   *Mini*   *Midi*

Button Front Boxer   *Boxer*

Die meisten der angebotenen Artikel sind aus 100 Prozent Baumwolle. Das hat natürlich auch hygienische Gründe. Baumwolle lässt sich bei 95 Grad waschen. Wegen modischer Aspekte sind Designerhosen mit einem kleinen Anteil Elastan ausgestattet, der es erlaubt, Hosen und Hemden sehr enganliegend zu tragen. Elastan kann auf das Drei- bis Achtfache seiner ursprünglichen Länge gedehnt werden und eignet sich daher besonders für Wäsche.

Unterhemden sind schon längst von T-Shirts abgelöst worden. Ob mit V-Ausschnitt oder einem runden Abschluß, ein T-Shirt wirkt nicht so altbacken wie ein klassisches Unterhemd. Seit den fünfziger Jahren, als Stars wie James Dean, Marlon Brando oder Horst Buchholz aus der Unter- eine Oberbekleidung machten, hat es Kultstatus. Damals waren die T-Shirts einfach nur weiß. Heute wird (fast) jedes Motiv zum Kauf angeboten. Weltweit werden jährlich etwa 10 Milliarden T-Shirts verkauft.

Oftmals lassen Männer Unterhemd oder T-Shirt weg, verkennen aber, dass man Unterwä-

sche auch aus hygienischen Gründen tragen sollte. Denn wenn der Träger zum Schwitzen neigt,
kommt die Körperflüssigkeit erst auf das T-Shirt
und dann auf das Hemd.

Bademode

Zum Bereich Wäsche gehört zweifellos auch
die Bademode. Spezielle Badekleidung gibt
es erst seit Ende des 19. Jahrhunderts. Die ersten
Modelle waren noch aus saugfähigem Wolltri-
kot, bis es gelang, die schnelltrocknenden, auch
im Wasser formstabilen Materialien zu entwik-
keln, die wir heute gewohnt sind und die auch die
knappsten Schnitte möglich machen.

Bis in die fünfziger Jahre hinein war es üblich,
Arme und Beine zumindest halb bedeckt zu hal-
ten. Dafür würden heute eher gesundheitliche
(UV-Strahlen!) statt der damaligen moralischen
Gründe sprechen. Doch erlaubt ist, was gefällt:
Seit auch die Hersteller von Oberbekleidung den
wachsenden Markt für Freizeitbekleidung für
sich entdeckt haben, gibt es Badehosen in allen
Farben, Formen und Materialien. Nehmen Sie

aber in den USA-Urlaub am besten einen Badeshort mit – die in Europa übliche Slip-Form ist dort verpönt.

Das Hemd

Auch das Hemd, wie wir es heute kennen und wie selbstverständlich tragen, gibt es noch nicht allzu lange. Das Wort »Hemd« kommt aus dem althochdeutschen *Hamedi* = Haut und war ursprünglich ein Teil der Unterwäsche. Als Material wurde lange Zeit Leinen bevorzugt, bis man die Vorzüge der Baumwolle entdeckte. Heute sind etwa 90 Prozent der angebotenen Hemden aus Baumwolle. Durch verschiedene Veredlungstechniken wird die Baumwolle so ausgerüstet, dass sie bügelleicht (*easy iron*) oder sogar bügelfrei (*non iron*) ist.

Bügelfrei und bügelleicht

Beim sogenannten »Bügelfrei-Bad« durchläuft der Stoff eine kontrollierte Behandlung: Die ursprünglich hohle Baumwollfaser wird gewissermaßen »aufgepumpt« und deren Zellulosemoleküle gleichmäßig ausgerichtet.

Das Gewebe erhält eine glatte, gleichmäßige Oberflächenstruktur. Bei der anschließenden »Feucht-Vernetzung« werden feinste Harze »netzartig« auf die Baumwolle aufgebracht. Diese unterstützen die Faser dabei, weitestgehend und permanent in ihren Ursprungszustand zurückzukehren und garantieren somit dauerhafte Glätte.

Bedenken Sie: Fast alle im Handel angebotenen Hemden sind zumindest bügelleicht ausgerüstet.

Der Hemdenkauf

Die wichtigste und neutralste Farbe bei Hemden ist Blau. 60 Prozent aller Kollektionen, gleich in welcher Preiskategorie, sind blau. Mal heller oder dunkler, uni, kariert oder gestreift. Es hat sich nämlich herausgestellt, dass die Farbe blau den meisten Männern gut steht und außerdem in der Regel zu allen Sakkos und Anzügen passt.

Dennoch kommen gerade beim Hemdenkauf oft Geschmacksunsicherheiten zum Vorschein.

Nämlich dann, wenn Sie ein beiges Hemd zu einem braunen Sakko haben wollen, oder ein lindgrünes zu einem grünen Sakko.

Eine nicht zu unterschätzende Farbe ist Weiß, nicht nur zu offiziellen Anlässen. Ein weißes Hemd sieht immer frisch aus. Auch ein offen getragenes Hemd zu einem dunklen Anzug, wenn man nicht unbedingt eine Krawatte tragen muss. Was viele Männer davon abhält, weiße Hemden zu tragen, ist die Tatsache, dass der weiße Stoff beinahe durchsichtig erscheint. Das hat zum einen sicher mit der Leichtigkeit des Stoffes zu tun, zum anderen gibt es aber eine viel einfachere Erklärung: Die menschliche Haut ist eben dunkler als weiß, deshalb kann man die Konturen und Farbe des Oberkörpers unter dem Hemd sehen. Da hilft nur eins: ein weißes T-Shirt oder Unterhemd drunter tragen.

Hemden- und Kragenformen

Der Begriff Business- oder Cityhemd bezeichnet in der Regel das Hemd für den beruflichen Alltag. Die Kragenformen können je nach Vorliebe, allerdings auch nach Mode, variieren. Am üblichsten sind der Kentkragen, der Haifischkragen, der Tabkragen oder – wenn es etwas sportlicher sein darf – der Button-down-Kragen.

Beliebt, nicht nur zu offiziellen Anlässen, sind Doppelmanschetten. Bei modischeren Hemden wird oftmals auf eine Brusttasche verzichtet. Brusttaschen an sich sind eher eine neuere Erfindung in der Männermode. Nötig sind sie nicht wirklich und optisch schön ebenfalls nicht.

Damit die verschiedenen Kragen immer korrekt aussehen, sind die meisten Hemden mit herausnehmbaren Kragenstäbchen versehen. Natürlich werden diese am Abend herausgenommen, damit sie nicht in der Wäsche verloren gehen. Meistens liegen den Hemden Ersatzstäbchen bei.

Der Button-down-Kragen ist etwas legerer und sollte mit Krawatte, wenn überhaupt, nur zum sportlichen Sakko getragen werden. Zum Anzug wäre er ein Faux-pas! Auch bei Freizeithemden wird der Button-down bevorzugt. Er ist der korrekteste Kragen, da die Kragenspitzen durch die Fixierung der Knöpfe am Hemd immer anliegen.

Ein Kent- oder Haifischkragen hingegen lässt sich sowohl mit Krawatte wie auch ohne tragen.

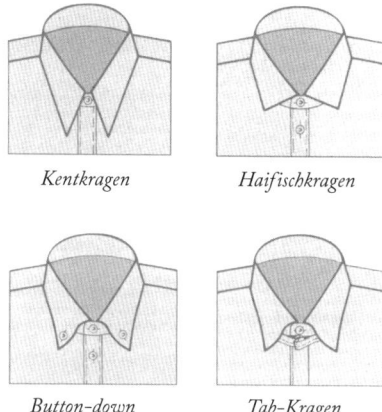

Kentkragen   Haifischkragen

Button-down   Tab-Kragen

Der Tabkragen ist das korrekteste Krawatten-hemd und auch nur *mit* Krawatte zu tragen. Der Riegel wird unterhalb der Krawatte geschlossen und betont den Krawattenknoten. Leider wird diese Kragenform selten angeboten.

Zwei weitere Hemdenformen sollten nicht un-erwähnt bleiben. Zum einen das Smokinghemd, zum anderen, wenn auch kaum noch gefragt und getragen: das Frackhemd. Das Smokinghemd wird, wie der Name schon sagt, zum Smoking getragen. Es unterscheidet sich gegenüber dem Businesshemd durch seine verdeckte Knopfleiste und der obligatorischen Umschlagmanschette. Zwei typische Kragenformen haben sich hier durchgesetzt. Zum einen der Kentkragen zum anderen der Kläppchen- bzw. »Vatermörder« kragen. Zu beiden Kragenformen werden Schleifen (idealerweise zum Selbstbinden) getragen. In besonderen Fällen (wie zu Hochzeiten) kann es dann auch mal ein Plastron sein.

Kläppchenkragen  *Kentkragen*

Das Frackhemd unterscheidet sich vom Smokinghemd in seiner Aufmachung. Das Frackhemd zeichnet sich durch eine gestärkte Brustpartie aus. Die dazugehörige Frackweste ist V-förmig geschnitten, und die Schleife ist immer aus weißem Baumwoll-Piqué.

Hemdengröße und Halsweite

Noch immer ist zu beobachten, dass die meisten Männer beim Kauf von Hemden lediglich auf die Halsweite achten, weniger jedoch darauf, ob der Schnitt des Hemdes passt. Ein Gespräch mit dem Verkäufer kann Abhilfe schaffen – er weiß in der Regel, ob ein Hemd zu weit oder zu eng geschnitten ist.

Halsweite 42 sagt nur etwas über den Umfang des Halses aus. Wichtig ist aber auch die Weite, sprich Taillenweite, eines Hemdes. Auch wenn viele Männer es nicht wahrhaben wollen: Der Körper verändert sich im Laufe der Zeit. Und das nicht immer zum Vorteil. Will heißen: Wenn der Träger jahrelang ein Hemd Größe 40 getragen hat und schon seit einiger Zeit den obersten Hemdenknopf nicht zubekommt, dann sollte er darüber nachdenken, sich ein 41er oder besser ein 42er Hemd zu kaufen. Lassen Sie sich von Zeit zu Zeit von dem Verkäufer Ihres Vertrauens vermessen.

Für Männer mit besonders langen Armen gibt es Hemden mit einem extralangen Arm. Der

Normalärmel eines Hemdes ist 65 Zentimeter lang, extra lange Ärmel haben 68 und superlange Ärmel zwischen 70 und 72 Zentimeter Länge.

Männer mit etwas kürzeren Armen benötigen eher Hemden mit verkürzten Ärmeln, die in der Regel 59 Zentimeter lang sind.

Hemdenärmel sollten so lang sein, dass sie einen Fingerbreit aus dem Sakko herausschauen. Vorausgesetzt natürlich, die Ärmel des Sakkos sind nicht zu lang. Trägt der Mann Sakko oder Anzug, gehört auf jeden Fall ein Langarmhemd dazu. Auch bei vermeintlich hohen Temperaturen im Sommer sollte dies der Fall sein. Kurzarmhemden gehen nur in der Freizeit, wenn nötig.

Hemdenstoffe und -knöpfe

Die verbreitesten Hemdenstoffe sind *Popeline* (sehr glatt, ohne Struktur), *Fil-à-Fil* (abwechselnder weißer und farbiger Faden), *Chambray* (leicht glänzender und weicher Stoff), *Oxford* (gröbere, leichte Struktur) und *Twill* (Diagonalbindung).

Einen besonders weichen Griff haben sogenannte *Two Ply*-Hemden, bei denen der Kett- bzw. Schussfaden gezwirnt ist, das heißt, der Faden ist doppelt gedreht, also zweifädig. Durch die hohe Zwirnung sind diese Stoffe knitterarm und lassen sich problemlos bügeln. Diese Hemden werden schon ab 49,- Euro angeboten.

Nicht zu unterschätzen sind die Knöpfe eines Hemdes. Bei billig produzierten Hemden werden Knöpfe aus Kunststoff verwendet, die optisch den wesentlich teureren Perlmuttknöpfen nachempfunden sind.

Bei der Gestaltung der Knöpfe sind den Herstellern keine Grenzen gesetzt. Eine ganze Industrie lebt von den verschiedenen Strömungen und Anforderungen der Mode. Es gibt einige Firmen, deren Hemdenknopf zu einem Markenzeichen geworden ist, wie zum Beispiel der Knopf der Firma van Laack, der drei Löcher hat (und nicht wie üblich zwei oder vier). Korrekt und haltbar angenäht werden Hemdknöpfe mit einem sogenannten Kreuzstich; abschließend wird der Faden verknotet.

In allen Altersklassen erfreuen sich Hemden mit Umschlagmanschette großer Beliebtheit. Diese Hemden wirken immer eleganter als Hemden mit sogenannter Sportmanschette. Außerdem haben viele Männer Manschettenknöpfe – aber keine passenden Hemden dazu.

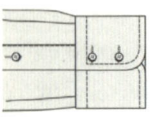

Englische Sportmanschette

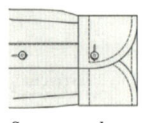

Sportmanschette

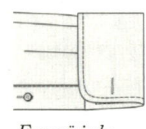

Französische Umschlagmanschette

Maßhemden

Angesichts der großen Auswahl und der enormen Farb- und Formenvielfalt an Hemden sollte man meinen, Maßhemden seien nicht nötig. Dennoch gibt es immer wieder gute Gründe, auch über Maßhemden nachzudenken. Männer mit besonders langen Armen oder besonders langen Oberkörpern haben enorme Schwierigkeiten, passende Hemden zu finden. Natürlich auch die Herren, die eher die kürzeren Ärmel brauchen. Leider bieten die Markenhersteller für diese Sondergrößen nur eine sehr überschaubare Auswahl an Mustern, so dass alleine dafür sich der Weg zu einem Maßhemden-Anbieter lohnt.

Anders als bei Maßanzügen oder Maßschuhen liegen die Preise für Maßhemden im moderaten Bereich. Werden im Internet schon Hemden ab 39.90 Euro angeboten, gibt es auch in deutschen Großstädten Ateliers, die Maßhemden ab 50 oder 60 Euro anbieten. Die Auswahl der Stoffe ist natürlich enorm, kann je nach Qualität aber schnell auf über 100 oder 120 Euro steigen. Auch hier kann man ganz individuell auf die Kundenwünsche eingehen – welcher Kragen, welche Manschette, Brusttasche ja oder nein, extra lange Rumpflänge, Perlmuttknöpfe oder doch lieber die günstigeren Kunststoffknöpfe und … und … und.

Die Krawatte

Über zweitausend Jahre ist die Geschichte der Krawatte alt, wenn man die Schleife als Familienmitglied dazu zählt. Dass bei den Kriegern der Tönernen Armee in Xian/China keine Krawatte zu sehen ist, ist offensichtlich. Aber die Schleifen auf den Brustpanzern der Soldaten und die Schleife als Befestigung der Kopfbedeckungen lassen sehr schön erkennen, dass sich der Rang auch an der Zahl der Schleifen ablesen ließ, die getragen wurden. Mit anderen Worten: Sie waren schon damals ein Statussymbol.

Das Wort »Krawatte« in seiner heutigen Bedeutung – »sich etwas um den Hals binden« – hat als erster der französische Dichter Eustache Deschamps (zwischen 1340 und 1407) in einer seiner zahlreichen Balladen beschrieben. Auch der italienische Kupferstecher Cesare Vecellio benutzte in seinem Modebuch 1590 den Begriff »cravata« für die römische »Focale«. Erst Anfang des siebzehnten Jahrhunderts kamen kroatische Söldner in den Dienst Ludwigs XIV. und mit ihr die Mär von den Namensgebern der Krawatte. Und seit dieser Zeit ist sie das nutzloseste Kleidungsstück, was jemals für Männer erfunden wurde.

Die Krawatte macht den Mann

Der einzige Zweck ist allein ein schmückender – man(n) hat ja nicht immer seine Frau dabei! Aber die Krawatte gilt auch als Distinktionsmerkmal, um sich von der Masse abzuheben. Schon der französische Schriftsteller Honoré de Balzac befand: »La cravate c'est l'homme« – die Krawatte macht den Mann! Und es gibt viele modebegeisterte Männer, die sich Krawatten kaufen, ohne darüber nachzudenken, ob sie nun zur Garderobe passen oder nicht. Einfach weil sie ihnen gefallen.

Auf jeden Fall sollten Krawatten aus Seide sein. Je nach Saison können auch Beimischungen von Leinen, Baumwolle oder Wolle angeboten werden. Die Breite der Krawatten richtet sich meist nach der Breite der Revers der Sakkos: achten Sie mal darauf.

Krawatten spiegeln oftmals die Stimmung des Trägers wieder. Stehen Sie morgens gutgelaunt auf und freuen Sie sich auf die Arbeit, dann wird Ihre Krawatte entsprechend etwas bunter ausfallen.

Krawatten sind leider, was die Pflege betrifft, nicht einfach zu handhaben. Je nach Fleck bzw. Verschmutzungsgrad ist es in den seltensten Fällen so, dass die Krawatte gereinigt werden kann. Dann hilft nur: wegwerfen und eine neue kaufen!

Das Innenleben einer Krawatte ist kompliziert. Beim Reinigen kann sich das Innenfutter verdrehen, so dass die ursprüngliche Form ihre Festigkeit einbüßt.

Sollten Sie einmal eine Einladung zu einem sehr festlichen Anlass bekommen und sollte ein Smoking gewünscht sein, dann müssen Sie eine schwarze Schleife tragen. Achten Sie beim Kauf darauf, dass sie zumindest per Hand vorgebunden ist. Mit ein bisschen Übung werden Sie es auch schaffen, eine Schleife selbst zu binden.

Die handgenähte Krawatte

Für Krawattenkenner ist noch immer eine handgenähte Krawatte das A und O. In der Regel ist so etwas auf dem rückseitigen Etikett angegeben. Man erkennt sie auch an den unregelmäßigen Nähten auf der Rückseite und vor allem an der kleinen Schlaufe am schmalen Ende der Krawatte. Diese dient zum Regulieren der Nähte, wenn die Krawatte sich beim Binden verzogen hat. Leider gibt es nur noch ganz wenige Manufakturen, die handgenähte Krawatten produzieren.

Das Binden der Krawatte

Beim Binden der Krawatte scheiden sich die Geister. Rein mathematisch gibt es 85 Möglichkeiten, eine Krawatte auf unterschiedliche Art zu binden. Noch immer wollen viele Männer den doppelten Windsorknoten beherrschen. Gemach!

Meinungsverschiedenheiten gibt es, was die Form des Krawattenknotens betrifft. Lieber einen können, und den gut, als die restlichen vierundachtzig Knotenformen, schlecht. Der sogenannte *Four-in-hand*-Knoten ist der älteste bekannte und auch am einfachsten zu bindende Knoten. Wenn man diesen beherrscht, ist man in jedem Fall auf der sicheren Seite. Und zwar bei jeder Kragenform!

Für den einfachen bzw. doppelten *Windsorknoten* reicht in der Regel die Krawattenlänge nicht aus, da man doch sehr viel Stoff beim Binden braucht! Sollte man einen etwas dickeren Knoten bevorzugen, dann schlägt man die Krawatte beim Four-in-hand-Binden zweimal um.

Noch immer beliebt, für eine Krawatte aber schädlich ist die Angewohnheit vieler Männer, die Krawatte abends beim Ausziehen nicht ganz zu lösen, sondern nur so weit, damit man sie über den Kopf ziehen kann. Bitte, tun Sie das einer Krawatte nicht an. Auf der kleinen Fläche des Knotens ist soviel Kraft gebündelt, dass jede Seide mit der Zeit kaputt geht. Auch durch Bügeln bekommen Sie diese festgesetzten Falten nicht wieder raus. Deshalb der Rat, die Krawatte immer wieder ganz zu öffnen.

Four-in-hand (der älteste bekannte Krawattenknoten) kann jeder, wenn er ihn nur einmal vorgemacht bekommt. Viele stört die Asymmetrie des Knotens, der aber wiederum dynamischer und jünger aussieht als der einfache oder doppelte Windsorknoten.

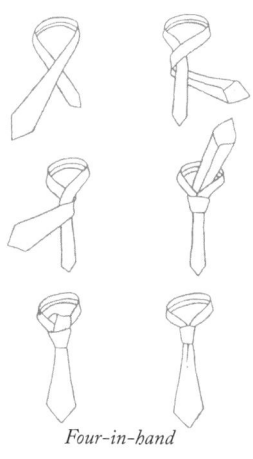

Four-in-hand

Der *einfache Windsorknoten* wird bevorzugt gewählt, wenn man einen symetrischen Knoten haben will.

Windsor

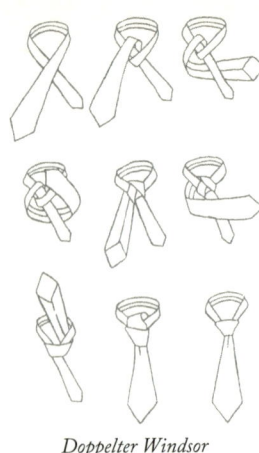

Der *doppelte Windsorknoten* erfordert sehr viel Stoff der Krawatte. Für den täglichen Bedarf sieht diese Krawattenform eher altbacken aus.

Doppelter Windsor

Die *Schleife (Fliege)* geht für Puristen nur zum Selbstbinden. Manche Manufakturen bieten fertig handgebundene Schleifen an, die man bei Bedarf lösen und bei Wiederverwendung binden kann.

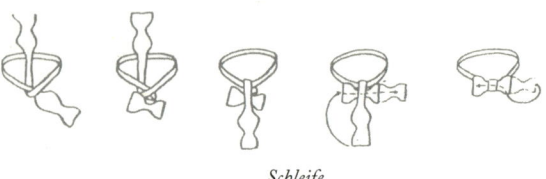

Schleife

Das *Plastron* wird in der Regel fertig gebunden mit passender Weste angeboten. Zu festlichen Anlässen wie eigener Hochzeit, aber auch zum Cut ein gern getragenes Accessoire.

Der *Krawattenschal* oder auch *Ascot-tie* wird in der Männermode immer beliebter. Diese besondere Schalform wird in typischen Krawattenmustern angeboten, wirkt lässiger und lockerer als die fest am Kragen sitzende Krawatte.

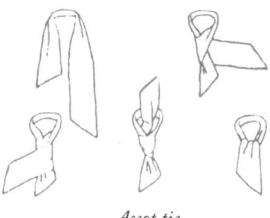

Ascot tie

Das *Einstecktuch* ist ein wichtiges Accessoire und kann farbige Akzente setzen. Allerdings kann man gerade mit so einem kleinen Accessoire auch viel falsch machen. Nämlich dann, wenn man ein identisches Muster zur Krawatte trägt. Auch sollte man darauf achten, dass zu offizielleren Anlässen das Einstecktuch nicht bunt, sondern im Idealfall passend zum Hemd in Weiß gehalten ist.

Der Pullover

Erst seit etwa 1817 gibt es im deutschen Sprachgebrauch den Begriff *Pullover* (*to pull* = ziehen, *over* = über). Eine adäquate deutsche Übersetzung ist bis heute nicht gefunden.

Wie der Mantel ist auch der Pullover ein nicht so sehr geschätztes Kleidungsstück der Männer. Vielen ist er zu warm, manche Männer sind extrem empfindlich, was Wolle anbetrifft. Andere fühlen eine innere Wärme, die einen Pullover überflüssig macht. Kurzum: Pullover werden oftmals den Frauen zuliebe gekauft und getragen.

Aber die Strickfirmen haben sich den Bedürfnissen angepasst: Die Pullover sind weicher und leichter geworden. Mischungen wie 90 Prozent Baumwolle und 10 Prozent Kaschmir sind sehr angenehm im Griff und für den Träger kaum zu spüren.

Auch die Kragenform ist oftmals entscheidend, ob ein Pullover gefällt oder nicht. Die gängigsten Formen sind ein runder Abschluß, ein V-Ausschnitt oder ein sogenannter Polokragen mit einer Knopfleiste oder auch Reiß-

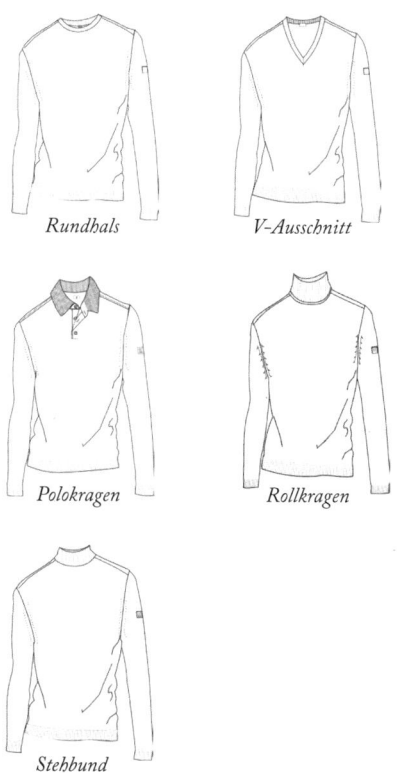

Rundhals   *V-Ausschnitt*

Polokragen   *Rollkragen*

Stehbund

verschluß. In der Wintermode gibt es darüber hinaus noch den Troyer-Kragen und den Rollkragen. Eine weitere Pulloverform ist der Westover oder Pullunder, in der Regel mit einem V-Ausschnitt.

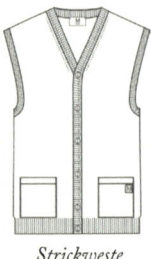

Strickweste

Cardigan

Pullover werden meist in der Freizeit getragen. Dennoch gibt es auch Qualitäten, die es erlauben, im Business unter einem Sakko getragen zu werden. Dabei ist es durchaus erlaubt, auch Krawatte zu tragen.

Pullover drücken eine gewisse Lässigkeit aus und wirken nicht so offiziell oder so steif wie ein Sakko. Ein bequemer Pullover erlaubt erheblich mehr Bewegungsfreiheit als ein

Sakko. Neben der schon erwähnten Mischung sind Kaschmir-Pullover ein Klassiker in der Pullovermode.

Pilling und Pflege

Das nicht zu vermeidende Pilling (Knötchenbildung) ist nicht schön, wird jedoch von den Herstellern nicht als Reklamationsgrund anerkannt.

Pilling entsteht durch Reibung. Schauen Sie sich mal einen Woll-Pullover genauer an, dann werden Sie sehen, dass viele kleine Wollhaare »überstehen«. Wenn jetzt ein grobes Jackenfutter, ein Kugelschreiber im Sakko, eine Schreibtischkante und andere Sachen mit dem Pullover in Berührung kommen, dann entstehen durch die Reibung Knötchen.

Abhilfe kann man sich mit einem speziellen Textilrasierer oder mit einem Pillingkamm verschaffen. So gut wie ausgeschlossen ist die Pillingbildung bei Baumwoll-Pullovern und Pullovern, die mercerisiert sind. In diesem Veredlungsverfahren werden die hervorstehenden

Wollhaare mit konzentrierter Natronlauge behandelt. Meistens sind solche Pullover zusätzlich »waschmaschinenfest« ausgerüstet. Die meisten Pullover lassen sich heute in der Maschine waschen. Doch Vorsicht: Allzu voll sollte die Maschine nicht sein, Handwaschprogramm ist obligatorisch, das für diese Wäsche geeignete Waschmittel, kein Schleudern und bitte nicht in den Trockner. Nasse Pullover immer flach auf einem großen Handtuch liegend trocknen lassen.

Pullover-Qualitäten

Typische Qualitäten für Pullover sind im Sommer Baumwolle, Baumwoll/Kaschmir-Mischung, Baumwolle/Seide oder eine leichte Schurwollqualität mercerisiert. Im Winter werden Wollpullover in Reiner Schurwolle favorisiert, vor allem aber in 100 Prozent Kaschmir oder als Mischung. Ganzjährig werden Pullover aus Merino angeboten, die nicht auftragen und mercerisiert nicht zur Pillingbildung neigen.

Pullover-Formen

Ein nicht zu unterschätzender Artikel im »Strickbereich« sind *Strickjacken*.

Die klassischste Form ist der *Cardigan*. Diese Jackenform wird neben der klassischen Variante in der jungen Mode in schmaler und etwas kürzeren Form angeboten. In sehr leichter Qualität lässt sich ein Cardigan auch unter einem Sakko tragen.

Desweiteren sind sowohl im jungen wie im klassischen Bereich *Pullunder* wichtig in der Männermode.

Zu den Strickwaren wie auch zur Sportswear gehören *Poloshirts*. Im Sommer mit halbem Arm, in mercerisierter Baumwolle oder in Baumwollpiqué, im Winter mit entsprechend langen Ärmeln. Poloshirts lassen sich unter Sakkos kombinieren, sind jedoch mehr in der Freizeitmode gefragt.

Die sportliche Variante von Langarm-Poloshirts sind sogenannte *Rugbyshirts* oder *Sweatshirt*, die durch farbige Streifen, aufgenähte Phantasiewappen oder großflächige Zahlen ih-

ren Weg vom Spielfeld in den Modehandel gefunden haben.

Die Hose

Was hat es nicht schon alles an Moden für Männerhosen gegeben! Und wie begeistert haben alle – na schön, fast alle – Männer mitgemacht. Dabei ist die Auswahl an guten Hosen, die man(n) im Schrank haben sollte, ziemlich bescheiden und übersichtlich.

Hosenarten und -formen

Längst gesellschaftsfähig ist die *Jeans* geworden. Allerdings sprechen wir von einer gut sitzenden, sauberen und lochfreien Five-Pocket-Jeans aus *Denim*. Kombiniert mit klassischen Schuhen, einem sportlichen Hemd und einem passenden Sakko können Sie eine solche Kombination ohne weiteres in den meisten Berufen tragen.

Die sogenannte *Chinos* – eine beigefarbene Baumwollhose ohne Bundfalten – ist eine weitere sportliche Hose, die sich gut mit Sakko kombinieren lässt.

Die klassischste und vor allem die neutralste aller Hosen ist die anthrazitfarbene (im Sommer auch gerne ein-zwei Nuancen heller), möglichst aus leichtem Schurwollstoff. Es gibt eine Formel, die besagt: Mit einer anthrazitfarbenen Hose und einem hellblauen Hemd lässt sich jedes Sakko kombinieren.

Die Formen der Hosen sind in den letzten Jahren sehr vereinfacht worden. Bundfalten und Umschlag sind im heutigen Straßenbild kaum noch vorhanden. Hosen sind heute auch ohne die Weite der Bundfalten bequem geschnitten. Zum Fuß hin werden die Hosenbeine etwas schmaler getragen.

Hosengrößen und -längen

Die richtige Hosenlänge ist dann gegeben, wenn der Saum einen Fingerbreit oberhalb des Schuhabsatzes liegt. Vorausgesetzt, Sie tragen einen Gürtel und die Hose sitzt auch sonst gut.

Apropos Gürtel: Tragen Sie nie eine Hose ohne Gürtel! Natürlich soll eine Hose auch ohne Gürtel halten, der Gürtel ist aber ein wichtiges

Accessoire in der Männermode. Für eine Wollhose sollte ein etwas schmalerer Gürtel mit einer schmalen Schließe verwendet werden, zu einer Freizeithose bzw. Jeans sollte er etwas breiter sein. Farblich sollte der Gürtel immer mit den Schuhen abgestimmt werden.

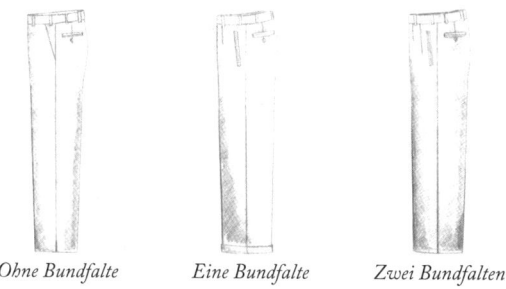

Ohne Bundfalte   *Eine Bundfalte*   *Zwei Bundfalten*

Eine Unart vieler Männer: die Benutzung der Gesäßtasche! Sie ist reine Dekoration. Geldbörsen oder gar Kreditmäppchen haben dort nichts zu suchen!

Durch die Vielfalt der verschiedenen Größen ist es heutzutage ein Leichtes, eine perfekt sitzende Hose zu finden. Wie bei Sakkos und Anzügen gibt es für jeden Mann die passende Größe.

Man unterscheidet zwischen den Normalgrößen, die von 44 bis 62 gehen, den schlanken Größen von 88 bis 114 sowie den untersetzten Größen von 23 bis 30. Darüber hinaus gibt es in speziell ausgestatteten Modeläden noch weitere Größen.

Umgerechnet auf Jeansgrößen gibt es auch eine umfangreiche Größenauswahl. Jeansgrößen werden meist in Inch (1 Inch = 2,54 Zentimeter) angegeben. (Siehe auch die Größentabellen im Anhang). Sollten Sie in Ihrem Beruf eine Jeans tragen dürfen, sollten Sie auf eine nicht ganz so ausgewaschene und lochfreie Form achten. Denken Sie bei der Auswahl Ihrer Kleidung immer daran: Sie repräsentieren zum einen sich selbst, sprich Ihre Persönlichkeit, zum anderen aber auch Ihr Unternehmen.

Hosenqualitäten

Hier ein Überblick über die wichtigsten Hosenqualitäten:

Als eine der klassischsten Männerhosen gilt eine mittelgraue Tuchhose in reiner Schurwolle.

Baumwollhosen oder *Chinos* können je nach Gewicht sowohl im Sommer als auch im Winter getragen werden. Die klassischste Farbe hier ist ein mittleres Beige, zu der man auch einen Blazer und andere Sakkos tragen kann. Auch werden buntere Farben immer beliebter.

Cordhosen gehören zur Grundgarderobe. Nicht nur in gedeckten Farben, sondern wie auch bei Baumwollhosen in kräftigen Farben wie Rot, Gelb, Orange, Grün, Lila geben sie der Herrenmode vor allem in Feincord eine neue Optik.

Flanellhosen gibt es sowohl als Baumwollflanell als auch in Wollflanell. Flanell ist der Sammelbegriff für ein- oder beidseitig aufgeraute Gewebe.

Jeans sind aus dem Alltag nicht mehr wegzudenken. In der jungen Männermode werden sie unterhalb der Hüfte getragen, mindestens zwei Nummern zu groß, und weisen oftmals gewollte Löcher und kaputte Stellen auf. In der Businessmode hingegen sollten sie etwas gepflegter ausfallen.

Das Sakko/der Anzug

Der Blazer

Das klassischste aller Sakkos ist der dunkelblaue Blazer. Die ersten bekannten Blazer waren scharlachrote Jacken, die von den studentischen Mitgliedern des Lady Margaret Boat Club an der Universität Cambridge getragen wurden. Genau wie die buntgestreiften Bootsjacken, die um 1889 beliebt waren, wurden sie scherzhaft als *blaze of colour* (englisch: Farbenpracht) bezeichnet. Vom englischen *to blaze* (leuchten) leitet sich auch der Begriff »Blazer« ab.

Der Stil des Blazers wurde in den dreißiger Jahren des letzten Jahrhunderts viel dezenter; der moderne Blazer hat mehr Ähnlichkeit mit der Seemannsjacke der britischen Marine. Er ist immer einfarbig, meist in einem dunklen Blau, aber auch Schwarz, Kamelfarben, oder, je nach Modeeinfluss, Flaschengrün oder Rot.

Der persönliche Geschmack entscheidet, ob man eher einen Ein- oder Zweireiher wählt. Der Einreiher kann sowohl zwei als auch drei Knöpfe sowie Seitenschlitze haben. Bei einem Zweireiher hat die klassische Form Seitenschlitze und zwei Schließknöpfe. Die obligatorischen Pattentaschen können durch eine Billetttasche ergänzt werden. Hat der Blazer zwei aufgesetzte Taschen

Einknopf-Sakko

Zweiknopf-Sakko

Dreiknopf-Sakko

Zweireiher

(ein gerngesehenes Modell im Sommer), dann sollte auch die Brusttasche aufgesetzt sein.

Charakteristisch für einen Blazer sind Knöpfe aus gold- oder silberfarbenem Metall. Sie sind oftmals mit Wappen oder Tiermotiven verziert. Ein Blazer lässt sich sowohl mit einer Jeans kombinieren, mit einer Chinos oder ganz klassisch mit einer anthrazitfarbenen Tuchhose. Diese Kombination wiederum gilt als kleiner offizieller Anzug, wenn ein Anzug zu förmlich wirkt.

Unter einem Blazer kann man natürlich ein klassisches Oberhemd mit Krawatte tragen (alternativ zur Krawatte kann auch ein Einstecktuch Akzente setzen). Ein Rollkragenpullover im Winter ebenso wie ein Polohemd im Sommer können das Outfit ergänzen.

Passformen

Auch ohne fachliche Kenntnisse ist es für einen Laien schnell zu erkennen, ob ein Sakko gut sitzt. Der Schließknopf (bei einem Zwei-Knopf-Sakko der obere, bei einem Drei-Knopf-Sakko der mittlere, alternativ auch der mittlere und obere Knopf) müssen bequem zugehen. Ein leichter Zug darf ruhig sein. Das Sakko muß am Rücken gerade herabfallen und soll je nach Schnitt die Taille leicht andeuten. Sollte das Sakko im hinteren Taillenbereich zu sehr ziehen, ist das Sakko zu eng. Steht das Rückenteil ab, ist die Jacke zu groß. Je nach Vorliebe oder Angebot werden Anzüge gerne auch mit Westen getragen. Aber nur zum Einreiher!

Weste

Eines der Hauptprobleme eines schlecht sitzenden Sakkos sind die viel zu langen Ärmel. Achten Sie einmal auf relativ kleine Männer: Sie versuchen mit einem nach außen gestreckten Daumen das Sakko etwas höher zu schieben. Schlimm! Dabei ist es so einfach, wenn auch mit ein wenig Kosten verbunden, einen Sakko-Ärmel zu kürzen. Die Ärmel sollten immer so kurz bzw. lang sein, dass die Hemdenmanschette einen Fingerbreit »herausguckt«.

Auch mit der Sakkolänge nehmen es viele Männer nicht so genau. Dabei gibt es hier eine sehr einfache Formel: Stellen Sie sich vor einen Spiegel und knicken Sie Ihre Fingerspitzen nach innen. Das Sakko sollte nun bis zu diesem Knick gehen. Das Interessante an der Konstruktion Mensch ist es, dass der Körper die Idealmaße, die Symmetrie der Kleidung quasi vorgibt. Und das gilt weltweit!

Die gebräuchlichsten Formen des Sakkos sind einreihig mit zwei bzw. drei Knöpfen. Es gilt immer: Der unterste Knopf bleibt offen!

An der Rückseite eines Sakkos gibt es die geschlossene Form, einen Rückenschlitz oder auch zwei Seitenschlitze.

Sakkostoffe

Sakkostoffe sind gegenüber Anzugstoffen schwerer und sportlicher in der Optik. Auch die Stoffauswahl ist eine wesentlich größere. Die bekanntesten Optiken sind hier das Oxfordkaro, Pepita oder Hahnentritt, Fischgrat und unifarbene Stoffe. Auch die Qualitäten der Stoffe sind bei Sakkos um ein vielfaches größer. Neben den schon erwähnten Schurwollqualitäten werden bei Sakkos auch Kaschmir, Baumwolle, Cord, Harris-Tweed, Loden und Leinen angeboten.

Der Anzug

Gleich zu welchem Anlass: Ein Anzug ist das »angezogenste« Kleidungsstück für Männer. Nur gut sitzen muss er, der Anzug.

Die wichtigste Anzugfarbe ist schon seit Jahrzehnten Anthrazit, gleich, wie teuer ein Anzug ist.

Ein dunkler Anzug wirkt immer seriös. Außerdem lässt er sich mit Hemd und Krawatte am besten kombinieren. Ein schwarzer Anzug wirkt immer ein bisschen steif und formell, hat sich in der Geschäftswelt aber ebenfalls durchgesetzt. Beliebt sind auch Farben wie Dunkelbraun, Dunkelgrün sowie nach wie vor Marineblau.

Je heller ein Anzug ausfällt, umso sportlicher wirkt er. Zu offizielleren Anlässen sollten Sie es daher vermeiden, einen hellen Anzug zu tragen.

Kombinationen

Ähnlich verhält es sich mit einer Kombination aus Sakko und Hose: Die Hose sollte immer etwas dunkler als das Sakko sein. Zu einer anthrazitfarbenen Hose passt so gut wie jedes

Sakko. Probieren Sie es aus! Wenn Sie zu einer schwarzen Hose ein Sakko suchen, ist die Auswahl schon sehr viel geringer.

Da das Sakko eines Anzuges in der Regel die Lebensdauer einer Anzugshose um einige Zeit überlebt, sollten Sie es möglichst vermeiden, die Anzugshose (und passt sie noch so gut zu ihrem neu gekauften Sakko) separat zu tragen. Sinnvoller ist es, wenn möglich, beim Anzugkauf eine Zweithose zu erwerben. Dann ist es kein Problem, sich aus einem sogenannten Baukasten-System Ihren Anzug auszusuchen bzw. zusammenzustellen – ein großer Vorteil für alle Männer, die mit einem Anzug »von der Stange« ihre Probleme haben. Das Baukasten-System erlaubt es Ihnen, beispielsweise das Sakko in Größe 54 zu kaufen und die Hose in Größe 50 oder 52.

Stoffqualitäten

Die wichtigste Stoffqualität für Anzüge ist Reine Schurwolle. Aber Vorsicht! Auch hier gibt es große Unterschiede, was sich in unterschiedlichen Preisen widerspiegelt.

Begriffe wie Super 100 oder besser noch Super 150 bezeichnen besonders weiche, feinfädige Stoffe aus knitterarmer Merino-Wolle. Sie sind abgeleitet von der australischen Bezeichnung für Wollfasern in einer Feinheit von unter 14 micron: »100s« (d.h. circa 100 Meter Faden Merinowolle wiegen nur ein Gramm!) Super 120 bzw. Super 150 sind entsprechend feiner, hochwertiger und teurer.

Anzugstoffe sind in der Regel feiner als Sakkostoffe. Ausnahmen bilden je nach Saison Cordanzüge im Winter sowie Baumwoll- bzw. Leinenanzüge im Sommer. Die wichtigsten, weil klassischsten Musterungen sind Glenscheck, Nadelstreifen, Fischgrat und unifarbene Stoffe. Die Hauptfarben sind anthrazit, dunkelblau und schwarz. Im Sommer gilt der beigefarbene Baumwollanzug als Klassiker.

Der Frack

Der Frack ist *der* Anzug schlechthin, heutzutage aber kaum noch gefordert und getragen. Nur sehr selten steht noch auf einer Einladung *White tie*, was das Tragen eines Fracks erforderlich macht. Dies gilt übrigens nur für Einladungen nach 18 Uhr!

Frack mit
Frackweste

Der Frack ist der eleganteste Abendanzug und wird fast nur noch zu Bällen und Staatsempfängen getragen. Zu einem Frack gehören eine schwarze Hose mit einem doppelten Galon (längsverlaufender schmaler, leicht glänzender Streifen aus Satin), die Frackjacke (die nie geschlossen getragen wird), ein Frackhemd mit gestärktem Brusteinsatz, die Frackweste aus Baumwollpiqué, eine weiße Frackschleife (ebenfalls aus Baumwollpiqué) sowie als wichtiges Accessoire schwarze Kniestrümpfe aus Seide, schwarze Lackschuhe (niemals glatte Straßenschuhe) sowie eine goldene Taschenuhr. Das i-Tüpfelchen ist der Zylinder.

Der Smoking

Der Frack für den Tages ist entweder der Smoking, oder – und auch das hat Seltenheitswert – ein Cut. Wird ein Smoking ge-

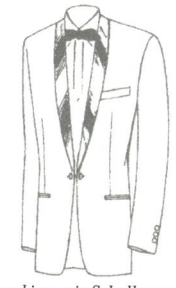
Smoking mit Schalkragen

Smoking mit Spitzrevers

Zweireihiger Smoking

Smokingweste

wünscht, steht auf der Einladung *Black tie*; man meint damit auch immer eine schwarze Schleife.

Zu diesem Anzug gehört ein normales Smokinghemd, wahlweise mit einen Kläppchen- oder auch »Vatermörder«-Kragen, oder mit einem klassischen Kentkragen. Wichtig bei diesem Hemd ist die Umschlagmanschette sowie die typische verdeckte Knopfleiste.

Klassische glatte, schwarze Schuhe gelten zum Smoking als ideal. Und sollte sich der Mann schon in der »normalen« Garderobe mit Kniestrümpfen schwer tun: Hier sind sie Pflicht und dulden keine Ausnahme.

Der Cut oder auch Stresemann

Der Cutaway dient heute fast nur nach als Outfit für Hochzeiten im besonderen Rahmen. Er gilt als »Frack für den Tag« (bis spätestens 18 Uhr), zu dem auch immer ein grauer Zylinder gehört.

Der Cut besteht aus einer dunkelgrauen/schwarz gestreiften Hose sowie einem Sakko mit einem Schließknopf und steigendem Spitzrevers. Charakteristisch ist der durchlaufende, geschwungene Saum, der hinten bis zu den Kniekehlen reicht (sogenannter Schwalbenschwanz). Im Gegensatz dazu hat der *Stresemann* (oder auch Bonner Anzug) eine normale Sakkolänge. Dazu gehört eine mittelgraue Wollweste (wahlweise ein- oder zweireihig), ein weißes Hemd, das auch mit einer rosafarbenen oder gelben oder andersfarbigen, jedenfalls kleingemusterten Krawatte kombiniert werden kann.

Mäntel und Jacken

Heutzutage wird immer seltener Mantel getragen. Beim Kauf sollten Sie sich deshalb für ein nicht so modisches Modell entscheiden. So können Sie einige Jahre Freude an dem guten Stück haben. Auch in der Mantelmode gibt es Modelle, die immer aktuell bleiben, mit leicht abgeänderten Details. Denken Sie an den Film *Casablanca* mit Humphrey Bogart und seinem legendären Trenchcoat. Überlegen Sie sich beim Kauf eines Mantels den Anlaß, zu dem Sie ihn tragen wollen. Brauchen Sie den Mantel für den Sommer, für den Übergang oder doch eher für die Winterzeit? Haben Sie berufliche oder gesellschaftliche Verpflichtungen, die nur einen gedeckteren Farbton zulassen? Oder wollen Sie doch lieber eine Jacke? Für die Kaufentscheidung sollte immer der Anlass im Blickpunkt stehen. Zu offizielleren Anlässen ist eine Jacke zu sportlich, zu einem Kegelausflug wirkt der Mantel deplaziert.

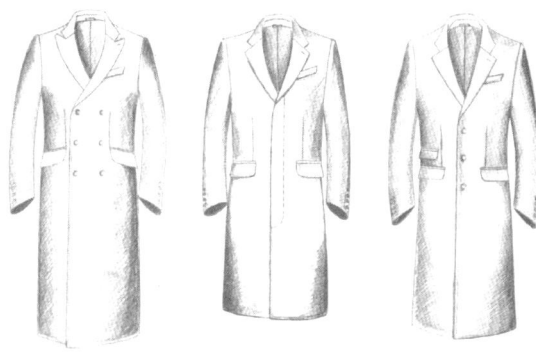

Zweireihiger
Mantel

Einreihiger Mantel
mit verdeckter
Knopfleiste

Einreihiger Mantel
mit offener
Knopfleiste

Alles was länger als 110 Zentimeter ist, wird als Mantel bezeichnet! Die Formen in der Mantelmode sind vielfältig. Als sportliche Variante im Winter gilt der Dufflecoat (idealerweise in *Double-face*-Optik) der mit seinen großen Lederknebelverschlüssen zu Jeans und Cordhosen ein idealer Begleiter ist.

Benötigt man einen Mantel zu einem Businesstermin, eignet sich ein Mantel aus 100 Prozent Kaschmir oder leichter Wolle mit Kaschmir-Anteil.

Da Mäntel oder Jacken Wind und Regen ausgesetzt sind, legt der Träger auf Funktionalität besonderen Wert. Die Industrie trägt ihr seit den siebziger Jahren Rechnung. Durch die Entwicklung sowohl in Amerika (Gore-Tex®) wie auch in Europa (Sympatex®) werden zwischen den Oberstoffen und dem Futter sogenannte Membranen eingearbeitet, die sowohl wind- wie auch wasserdicht sind. Dennoch sind diese Mäntel und Jakken atmungsaktiv.

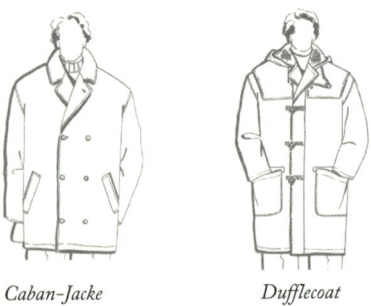

Caban-Jacke   Dufflecoat

Eines der ersten Funktionsmaterialien, welche die Jahrhunderte überdauert haben, ist Loden. Dieser strapazierfähige Wollstoff, der in einem aufwendigen Verfahren gewalkt und verfilzt wird, wird durch eine spezielle Behandlung mit Wasser, Chemikalien und Wärme winddicht und strapazierfähig. Lodenmäntel müssen übrigens nicht dick sein, damit sie warm halten.

Die Lederjacke

Leder ist das älteste bekannte Bekleidungsmaterial der Menschheitsgeschichte. Schon früh erkannten die Menschen, welch wichtiger Rohstoff eine Tierhaut ist. Tiere lieferten nicht nur lebenswichtiges Fleisch, sondern auch Felle und Häute, die zur Kleidung verarbeitet wurden. Auch heute noch zählen Tierhäute, sprich Leder (in der Regel ein »Abfallprodukt« der Fleischindustrie) zu den begehrtesten Bekleidungsstücken.

Es bedarf einer längeren Prozedur, damit aus Fellen von Tieren Leder wird. Eine Lederjacke ist längst nicht nur was für harte Kerle. Für viele gilt eine leichte Lederjacke aus einem Ziegen- oder Lammvelours schon als Sakkoersatz. Und im Winter ist eine Lammfelljacke eine gute Alternative zu einem Wollmantel.

Die relativ pflegeleichten Lederjacken kauft man sich in der Regel nicht für eine Saison. Viele Qualitäten sind – mit einer gewissen Patina – erst nach längerem Tragen so richtig bequem. Für den Kunden ist beim Kauf von Lederjacken allerdings kaum erkennbar, um welches Leder es sich handelt. Viele Hersteller begnügen sich mit dem Etikett »Echtes Leder«. Lederjacken sollte man daher immer im Fachhandel kaufen. Die unterschiedlichen Lederqualitäten hängen vom Tier ab.

Die wichtigsten Lederarten

Nappa- oder auch Glattleder ist der Sammelbegriff für alle Leder, die mit der glatten, äußeren Narbenseite der Haut verarbeitet werden. Mindere Qualitäten werden mit Pigmentfarben abgedeckt, beste Qualitäten mit Anilinfarben gefärbt, wobei das natürliche Narbenbild erhalten bleibt.

Veloursleder wird im Sprachgebrauch auch als Wildleder bezeichnet, was völlig falsch ist. Bei Veloursleder wird die Fleischseite der Haut geschliffen.

Lammnappa ist ein hochwertiges Leder. Es ist anschmiegsam und formbeständig, vor allem im hochwertigen Segment zu finden.

Lammvelours kommt in sehr unterschiedlichen Qualitäten auf den Markt. Je nach Herkunft sind die Felle leicht und weich – und damit hochwertig und teuer – oder schwer und kompakt und damit preiswerter. Vorsicht beim ersten Tragen: Durch die Verarbeitung der Oberfläche kann sich Schleifstaub absetzen.

Kalbsleder stammt von Kälbern, die ein bestimmtes Gewicht und Alter noch nicht überschritten haben. Kalbnappa ist ein sehr hochwertiges Leder mit feiner und gleichmäßiger Oberfläche. Die Narbenseite kann zu *Nubukleder* geschliffen werden. Dieses sehr feine und hochwertige Leder wird für elegante Bekleidung eingesetzt. *Kalbvelours* ist ein kostbares Leder, leicht und samtig, mit geschmeidigem Griff und eleganter Optik. Der Veloursschliff ist besonders fein und glänzend. Für dieses beliebte Bekleidungsleder werden nur Häute von Milchkälbern verarbeitet.

Schweins- oder Porcleder ist strapazierfähig und preiswert. Es wird aus der Schweinshaut gewonnen. Typisch sind die Haarborstenporen, die immer in Dreieckform angeordnet sind. Bei *Porcnappa* aus der Narbenseite der Schweinshaut wird sichtbar, dass sich die Tiere gerne an harten Kanten reiben.

Luxusleder wie *Krokodil-* oder *Schlangenleder* unterliegen strengen Einfuhrbestimmungen und sind entsprechend teuer.

Lammfelle werden als ganzes verarbeitet und haben den Vorteil, im Winter die aufgenommene Körperwärme aufzunehmen, zu speichern und diese Wärme wieder abzugeben.

Wildleder ist das wertvollste und damit teuerste Leder in der Bekleidung, so dürfen nur Felle oder Häute von wild lebenden Tieren genannt werden. Die Spuren des Lebens in freier Wildbahn wie zum Beispiel Heckenrisse oder Mückenstiche sind im Material noch erkennbar. Wildleder wird von Antilopen, Elchen, Hirschen, Wasserbüffeln oder Rehen verarbeitet. Fälschlicherweise wird der Begriff Wildleder auch für Veloursleder aus Zahmhäuten benutzt.

Sportswear

Der Sportswear-Bereich umfasst ein großes Spektrum der Männermode. Kein Fabrikant kann es sich leisten, ihn außer acht zu lassen. Mit Sportswear ist legere Freizeitmode gemeint, Bekleidung, die nicht uniform ist, sondern sich durch raffinierte Schnitte und Farben von der traditionellen Männermode abhebt. Hier haben die Hersteller die Möglichkeit, neue Materialien auszuprobieren, neue Schnittmuster zu testen und den Zeitgeist festzuhalten.

Vor allem im jungen, trendigen Sektor spielt Sportswear eine immer größere Rolle. Neue Marken entstehen, neue Trends werden gesetzt; verschwinden aber ebenso schnell.

Ein anderes Wort für Sportswear ist Streetwear – Trends, die auf der Strasse kreiert werden.

Modescouts sind täglich auf den Straßen der Welt unterwegs, um zu gucken, was hipp ist. Was gestern in Tokyo »en vogue« ist, wird morgen schon in London oder L.A. verkauft.

Sportswear-Kleidung muss funktional sein, strapazierfähiger als normale Tageskleidung. Oft kommen synthetische Fasern zum Einsatz.

Blouson

Viele der im Handel angebotenen Artikel sind strapazierfähiger als normale Tageskleidung. In der jungen Mode spielt Sportswear eine ganz entscheidende Rolle, was den Umsatz der Branche betrifft. Gerade in diesem Bereich wachsen täglich neue Marken nach. Sobald ein Teeniestar mit einem T-Shirt der Marke XY im Fernsehen oder in Zeitschriften zu sehen ist, wird dieses T-Shirt ein Renner und erhöht den Bekanntheitsgrad der Marke. Marken, die in der Vergangenheit Fußballmannschaften und Turnvereine mit ihren Trikots ausgestattet haben, werden dank neuer Marketingstrategien und der Verpflichtung junger Designer plötzlich zur Lifestylemarke.

Dieser Trend ist nicht nur bei vermeintlich günstiger Mode zu beobachten. Vor allem die etablierten Marken, die bisher Mamas und Papas Garderobe kreiert haben, erinnern sich daran, dass ja auch diese Kunden Wochenende oder Urlaub haben. Und da die Klamotten im Beruf gut sind, warum nicht auch in der Freizeit?

Die Formen in der Sportswearmode sind natürlich viel lässiger geschnitten. Es wird weniger Wert auf figurbetonte Schnitte gelegt. Typische Merkmale sind Kapuzenjacken, Sweatshirts mit großen Aufdrucken, eher Zipper (Reißverschlüsse) als Knöpfe, ungefütterte Sakkos, eher Baumwolle als Schurwolle, Jeans im *used look*. Wichtig ist zu wissen: Was trägt mein Star? Welche Marke ist in L.A. Trend?

Der Schuh

Allein über dieses Thema könnte man über 60 Minuten philosophieren (zumindest über Männerschuhe, das Thema Damenschuhe geht nicht unter 60 Stunden!). Auch für dieses Kleidungsstück – eines der wichtigsten und strapaziertesten – gilt: Lieber ein paar Euro mehr investieren!

Eine der Grundvoraussetzungen beim Kauf neuer Schuhe sollte sein: rahmengenäht. Das hört sich unspektakulär an, ist aber hinsichtlich des Tragekomforts von entscheidender Bedeutung. Bedenken Sie beim Kauf Ihrer Schuhe einmal Ihr Körpergewicht – das muss Ihr Schuh tragen, und es ist unerheblich, ob Sie fünfundsiebzig oder hundert Kilo wiegen. Jede Bewegung, die Sie machen, überträgt sich auf die Schuhe. Denken Sie an Ihre Frau, die mindestens ein Dutzend neuer Schuhe im Schrank stehen hat, die sie nicht mehr trägt, weil sie wehtun. Oder die sich fast jeden Abend beklagt, dass ihre Füße schmerzen. Da sind wir Männer mit dem richtigen Schuh doch sehr viel besser dran.

Sicher, rahmengenähte Schuhe haben ihren Preis. Aber dafür halten sie auch um ein vielfaches länger.

Nehmen Sie sich etwas Zeit und probieren Sie einmal Schuhe aus England oder Amerika. Dort kommen die bekannten Marken solcher Schuhe her. Nur noch ganz wenige Manufakturen in Deutschland bieten auch solche Schuhe an. Da ihr Komfort unbestritten ist, ist allerdings das Angebot an Maßschuhen in den letzten Jahren gestiegen. Jeder Maßschuster nimmt sich gerne Zeit, Ihnen den Unterschied zu herkömmlichen Schuhen aus der Massenfabrikation zu erklären. Im Vergleich zu der langen Zeit, in der Sie solche Schuhe tragen, kann auch ein Maßschuh relativ günstig sein.

Allerdings hat sich in den letzten Jahren der Komfort, die Passform und die Verarbeitung von sogenannten geklebten Schuhen für den Träger enorm verbessert. Gerade Markenhersteller unterscheiden sich da von Billiganbietern. Auch hier gilt wie in der übrigen Garderobe, dass der Kauf von Markenprodukten unterm Strich lohnenswert ist.

Schuhetikette

Die Schuhetikette hat nichts mit dem Preisschild oder dem Markennamen zu tun, sondern mit der Zusammenstellung der Garderobe. Ein Schuh muss zur Kleidung passen! Die Etikette schreibt nicht einfach nur vor, sondern sie gibt eine Richtung an, die als korrektes Auftreten bezeichnet werden kann. Da es in der Männermode nicht ganz so viele Schuhformen gibt wie bei Frauen, ist es einfacher, bestimmte Regeln einzuhalten. Hier die wichtigsten in Kürze.

Der frühere oft zitierte Spruch *No brown after six* (verdankt dem Ursprung der Tatsache, dass in künstlichem Licht das Braun der Schuhe eher ins Grünlichte abdriftet) ist schon lange aufgehoben. Dank der lässigen italienischen Mode gehört ein brauner oder cognacfarbener Schuh heutzutage zur Grundgarderobe. Offizielle Anlässe erfordern schwarze Schuhe; braune Schuhe sind da fehl am Platze. Zum Businessanzug immer einen Schnürschuh, nie einen Slipper!

Sneakers bzw. Turnschuhe haben sich als lässiges Outfit in der Freizeitmode durchgesetzt. Doch man weiß, dass ein ständiges Tragen von Turnschuhen seit Jugend an für die Füße gesundheitsschädlich ist. Füße brauchen an den Seiten einen gewissen Halt, den weiche Schuhe ihnen nicht bieten können. Gesundheitliche Schäden lassen sich im Alter kaum noch korrigieren. Haltungsschäden sind die Folgen.

Wichtige Schuhformen

B*lucher* ist die Bezeichnung für einen beliebten schmucklosen Halbschuh mit sogenannter Derbyschnürung. Er passt zu allen geschäftlichen Anlässen, ergänzt aber ebenso gut auch die Freizeitkleidung. Ideale Farben sind Schwarz, Dunkelbraun und Cognac.

Desert-Boot wurde von der britischen Armee als Stiefelette im Afrikafeldzug des Zweiten Weltkriegs getragen. Seit den siebziger Jahren hat dieser Schuhtyp Kultstatus; mit der Kautschuksohle und dem Velours-oberleder passt er besonders zu sportlicher Bekleidung.

Full-Brogue: Dieser im Idealfall rahmengenähte Schnürschuh mit der typischen Lochrosette auf der Flügelkappe ist seit jeher *der* Männerschuh. (Der oftmals zitierte *Budapester* hat die gleiche Optik, ist aber an der Leiste sehr viel voluminöser und hat eine höher geschnittene Zehenkappe). Er passt sowohl zum Businessanzug als auch zur Jeans mit sportlichem Sakko. Bevorzugte Farben sind Schwarz und dunkles Braun. In der Freizeitmode wird dieser Schuh auch in dunkelbraunem Velours getragen.

Half-Brogue oder *Semi-Brogue* unterscheidet sich von seinem »großen Bruder«, dem *Full-Brogue*, durch die schlichtere Aufmachung. Ideal zu Businesskleidung.

Boots-Schuh sieht einem Mokkasin sehr ähnlich, wird jedoch mit einem dicken Lederriemen geschnürt. Häufig wasserfest ausgerüstet, ist er auch für Landratten ein idealer Freizeitschuh.

Lackschuhe sind zum Frack ein Muss, doch auch zum Smoking passt ihr elegantes Material sehr gut. Lackschuhe gibt es sowohl zum Schnüren wie auch als Pump.

Monk (englisch: Mönch) hat in letzter Zeit wieder viele neue Liebhaber gefunden. Dieser Schuh mit einer bzw. zwei seitlichen Schließen ist zwar vermutlich dem Schuhwerk frommer Brüder und Padres abgeschaut, hat sich aber inzwischen in der Businessmode durchgesetzt.

Bevorzugte Farben sind hier Schwarz, Dunkelbraun und Cognac. Im sportlichen Bereich auch
als Velours-Schuh.

Norweger: Dieser sportliche Schuh besticht
durch die für ihn typische Steppnaht am
Vorderfuß. Er wirkt eher rustikal und
wird vor allem zu gepflegter
Freizeitkleidung getragen.

Oxford ist ein schlichter, eleganter Schnürschuh, der gut zum Anzug und zu offiziellen Anlässen passt. Deshalb sind
Schwarz und Dunkelbraun die
favorisierten Farben.

Penny Loafer ist der typische »College-Schuh«,
ein sportlicher Halbschuh, entstanden aus dem
Mokkasin und wie dieser ursprünglich aus einem
einzigen Lederstück handgenäht. Er zählt zu den
typischen amerikanischen Erfindungen in der
Männermode. Die Bezeichnung Penny Loafer
stammt aus den dreißiger Jahren des letzten Jahr-

hunderts, als sich Studenten während der Weltwirtschaftskrise einen Glücks-Penny vorne in den geschlitzten *Front-Strep*-Steg steckten. G. H. Bass, die Firma, die den Original Penny Loafer herstellt, legt noch heute jedem Paar zwei Pennystücke bei. Dieser Schuh gehört in die Freizeit; zum Anzug wäre er ein *Faux-pas*.

Sneakers sind die Schuhe der Jugend – der Sammelbegriff für Sportschuhe, die nicht zum Sport, sondern im Alltag getragen werden. Sie haben meist eine Gummisohle und sind mehrfarbig. Die Marken und Modelle der einzelnen Hersteller haben bei den Jugendlichen einen hohen Stellenwert. Vorteil: Sneakers sind gegenüber Lederschuhen pflegeleicht. Da sie meist aus Kunststoff bestehen, reicht oftmals ein feuchtes Tuch zum Saubermachen. Das bei Lederschuhen aufwändige Putzen, Einreiben und Polieren entfällt.

Maßschuhe

Warum gute Schuhe so wichtig sind, wurde schon an anderer Stelle erklärt. Maßschuhe sind etwas für die Ewigkeit. Zwar kosten gute Maßschuhe ab 500 Euro aufwärts (nach oben gibt es keine Grenzen, je nach Lederart und Ausstattung), dafür ist der Komfort, den solche Schuhe bieten, unübertroffen. Bedenken Sie die Zeit, die Sie jeden Tag in den Schuhen stehen. Beobachten Sie an sich oder auch an anderen, welchen Belastungen Schuhe tagtäglich ausgesetzt sind. Es spricht sehr viel für Maßschuhe!

Schuhpflege

Damit Sie möglichst lange etwas von Ihren Schuhen haben, sollten Sie einige wichtige Dinge berücksichtigen.

Nach dem Tragen gehören Schuhe auf Echtholz-Schuhspanner, da er Feuchtigkeit aufnimmt und Formbeständigkeit sichert. Sollten die Schuhe einmal durch Regen empfindlich nass geworden sein, dann bitte mit Zeitungspapier ausstopfen, jedenfalls nicht an eine Wärmequelle wie

Heizung oder Ofen stellen. Das Leder würde unweigerlich austrocknen und brüchig werden. Regelmäßiges Putzen mit Pflegemitteln gibt dem Leder die nötige Feuchtigkeit und durch das Polieren mit einer entsprechenden Bürste den gewohnten Glanz.

Accessoires

Nicht nur bei Frauen gelten Accessoires als die modischen Details, die ihre Trägerin von der Masse abhebt. Auch Männer sollten bei der Auswahl darauf achten, aber: *Less is more*.

Gürtel sollten immer zu Hosen getragen werden. Und immer farblich passend zu den Schuhen. Die etwas schmaleren Gürteln sind Anzugshosen oder einzelnen Stoffhosen vorbehalten, die etwas breiteren Jeans- und Freizeithosen. Der Gürtel hat dann die richtige Länge, wenn der Dorn ins zweite bis dritte Loch passt.

Socken oder Kniestrümpfe? Was für manche eine Weltanschauung ist, nämlich nur Kniestrümpfe zu tragen, ist für andere ein Graus. Einig sind sich beide Lager, dass es nicht gerade ästhetisch aussieht, wenn – nicht nur in Talkshows – nacktes behaartes Bein zum Vorschein kommt. Zu festlichen, offiziellen Anlässen sollte man auf jeden Fall Kniestrümpfe tragen.

Das *Einstecktuch* ist eine ideale Ergänzung zur Krawatte. Aber auch ohne Krawatte lockert sie die Erscheinung des Herrn optimal auf. Zu offiziellen Anlässen und einem weißen Hemd sollte man sich für ein weißes Einstecktuch entscheiden. Ansonsten immer farblich zur Krawatte abgestimmt, aber nie im selben Dessin.

Schirm oder Kapuze? Da würden doch viele den Schirm vorziehen. Auch wenn er ein etwas unhandlicher Begleiter ist, sollte es im Idealfall ein Stockschirm sein mit einem Echtholzgriff.

Uhren aus Edelmetall oder Plastik, mit Leder- oder Metallarmband, mit Quarzwerk oder Handaufzug – das sind Stil- und Geschmacksfragen. Für die einen sollen sie lediglich die korrekte Zeit angeben, für manche sind sie Prestigeobjekte, wieder andere kommen ganz ohne sie aus. Auf jeden Fall passt ein Chronograph mit Metall- oder Lederband zu sportlich legerer Kleidung sicherlich besser als zum Smoking.

Manschettenknöpfe: Jeder hat sie – entweder mal selbst gekauft, geschenkt oder vererbt bekommen – doch kaum einer trägt sie. Dabei sind sie wirklich eines der wenigen Schmuckstücke, die Mann ohne Einschränkungen tragen kann. Hinweise über das »komplizierte« Anbringen sollten Sie ignorieren.

Brille. Fehlsichtigkeit hat einen einzigen Vorteil: Man kann eine modische Brille aufsetzen. Eine Brille sagt – ebenso wie eine Krawatte – viel über ihren Träger aus. Man sollte möglichst nicht nur über eine einzige Brille verfügen. Fast monatlich erscheinen neue Kollektionen auf dem Markt. Dabei sind die teuersten Modelle nicht immer die schönsten. Denken Sie beim Kauf auch an Ihre sonstigen Schmuckstücke, mit denen das Brillengestell harmonieren soll. Lassen Sie sich hinsichtlich Form, Farbe und Machart vom Optiker beraten. Nehmen Sie sich Zeit und probieren Sie so viele Modelle an, bis Sie sicher sind, das richtige gefunden zu haben.

Hosenträger oder Gürtel? So lange Sie nicht beides zusammentragen – kein Problem.

No go's

Krawattenklammern als Relikt vergangener Jahre gehören schon lange nicht mehr zum stilsicheren Auftreten.

Piercing, welches nach außen hin sichtbar ist, sollten Sie vermeiden!

Goldkettchen sollten sie zumindest nicht zum Business-Outfit tragen.

Was sonstigen *Schmuck* angeht, gilt natürlich der Ehering als korrekt, weitere Ringe oder Armbänder sollten hingegen vermieden werden.

Natürlich sind weiße Socken, außer zum Sport, nach wie vor verpönt.

Auch wenn es modisch und cool aussieht: Schuhe ohne Socken zu tragen ist unhygienisch. Ausnahme: der Strand.

Sonnenbrillen in geschlossenen Räumen tragen: sehr uncool.

Die Grundgarderobe

Wenn man sich die Männermode der letzten Jahre ansieht, merkt man schnell, dass man nicht alle Trends mitmachen muss, vor allem aber, dass sich das Farbspektrum nahezu ständig wiederholt. Daher ist es für die Männer, anders als bei den Damen, relativ einfach, mit wenigen Mitteln immer gut auszusehen. Das setzt natürlich ein wenig Gespür und Geschick im Umgang mit Farben und Formen voraus.

Leicht ist es, sich einen Grundstock an Kleidung zuzulegen. Wenn diese »auf dem Punkt« ist, dann lassen sich kleine Akzente leicht durch eine modische Farbe (mit einer neuen Krawatte, einem Schal, einem Hemd oder Pullover) setzen.

Man sollte auf jeden Fall einen anthrazitfarbenen, einen dunkelblauen oder schwarzen Anzug, alternativ einen dunkelbraunen und sehr dunkelgrünen in seiner Garderobe haben. Im Sommer gilt ein Baumwollanzug in Beige oder Dunkelblau als obligatorisch.

Als Sakko ist noch immer ein dunkelblauer Blazer das Maß aller Dinge. Ein beigefarbenes Sakko sowie ein kariertes (je nach Mode klein bis großkariert) sollten ebenfalls nicht fehlen.

Bei den Hosen empfehlen sich eine gute Jeans, eine beigefarbene Chinos und mindestens zwei grau- bis anthrazitfarbene leichtere Tuchhosen.

Die wichtigste, weil neutralste Hemdenfarbe ist Blau. Die Kragenform ist Geschmackssache, doch sollten Sie es vermeiden, einen Buttondown-Kragen zu einem Anzug zu tragen.

Auch ob das Hemd unifarben, gestreift und kariert ist, bleibt dem persönlichen Geschmack überlassen. Ein weißes Hemd ist für offizielle Anlässe unabdingbar.

Man sollte sich ein gutes halbes Dutzend Krawatten zulegen. Als Standard ist eine dunkelblaue unifarbene Seidenkrawatte unabdingbar. Für die kältere Jahreszeit auch gerne in Wolle. Außerdem sollte man zwei verschiedene Streifenkrawatten sowie mindestens zwei kleingemusterte haben.

Klassisch und zu fast allen Anlässen passend ist eine dunkelblaue Krawatte mit weißen Tupfen. Die Größe der Tupfen hängt vom persönlichen Geschmack ab. Als Ergänzung sollte man immer ein weißes Einstecktuch griffbereit haben, für Liebhaber mit handrollierten Kanten. Mit weiteren verschiedenfarbig gemusterten Einstecktüchern kann man individuell kombinieren.

Auch gehören ein, zwei Kaschmir-Pullover zur Grundausstattung, wahlweise in Anthrazit oder Dunkelblau, sowie eine etwas kräftigere, modische Farbe. Im Schrank sollte man mindestens vier verschiedene Paar Schuhe sein eigen nennen. Dazu zwei Paar für die Freizeit.

Maßanfertigung und Maßkonfektion

Der Unterschied liegt nicht allein im Preis, sondern vielmehr in der Verarbeitung. Bei einer Maßanfertigung werden alle Maße des Kunden abgenommen und für den Schneider festgehalten, bei der Maßkonfektion werden schon bestehende Teile für den Kunden angeglichen. Bei der Maßanfertigung hat der Kunde die Möglichkeit,

Details ganz nach seinen individuellen Wünschen anfertigen zu lassen, was bei der Maßkonfektion nicht möglich ist. So kann man bei einer Maßanfertigung bei einer Hose beispielsweise anstelle eines Reißverschlusses auch eine Knopfleiste einarbeiten lassen. Oder am Sakko wird zusätzlich zu den üblichen Pattentaschen noch eine sog. Billetttasche angebracht. Auch aufknöpfbare Knopfleisten am Ärmel sind möglich.

Wenn Sie einmal die Möglichkeit haben, ein Maßsakko zu probieren, lassen Sie sich die Gelegenheit nicht entgehen. Schon beim Einsteigen werden Sie feststellen, wie weich die Schulterpartie, wie anschmiegsam der Brustbereich gearbeitet ist. Kurzum, Sie werden sich kaum noch an ein Sakko von der Stange herantrauen.

Beim konventionellen Sakko ist die Brustpartie in der Regel geklebt. Beim handgefertigten Sakko werden die einzelnen Lagen lose miteinander verbunden. All das hat natürlich seinen Preis, dankt es dem Träger aber auch mit einer sehr langen Tragezeit.

Kleine Stoffkunde

Baumwolle

Baumwolle wird aus den Samenfäden der Baumwollpflanze gewonnen und besteht aus dem Grundstoff aller Pflanzen: der Zellulose. Sie trägt sich angenehm weich und ist daher ein gutes Material, sowohl für Unterwäsche wie auch für Tageswäsche, sprich Hemden, Hosen, Sakkos oder Pullover. Die Körperflüssigkeit wird bei Baumwolle sehr gut aufgenommen, allerdings trocknet sie nur langsam und fühlt sich daher gegenüber Schurwolle oder Seide schnell feucht an. Dafür hat Baumwolle den Vorteil der Kochfestigkeit. Auch Männer mit empfindlicher Haut (und viele Allergiker) werden sich in Baumwolle wohlfühlen.

1960 waren noch über 70 Prozent der produzierten Textilien aus Baumwolle, 1990 nur noch 46 Prozent. Obwohl sich die Baumwollproduktion in dieser Zeit fast verdreifacht hat (auf über 19

Millionen Tonnen pro Jahr), werden inzwischen Chemiefasern in noch größeren Mengen hergestellt. In über achtzig Ländern der Erde wird Baumwolle angebaut; die zehn wichtigsten sind: China, die ehemalige UdSSR, die USA, Indien, Pakistan, Brasilien, die Türkei, Australien, Ägypten und Argentinien.

Besonders wichtig für die Einschätzung der Baumwollqualität ist die Faserlänge. Man unterscheidet zwischen vier verschiedenen Stapellängen (= Faserlängen). Kurzstapelige Baumwolle hat Fasern von bis zu 25 Millimeter Länge, mittelstapelige von 25 bis 30 Millimeter, langstapelige von 30 bis 40 Millimeter, und die Fasern der extra langstapeligen messen über 40 Millimeter. Die Stärke einer einzelnen Faser beträgt 12 bis 45 Tausendstel Millimeter.

Wolle

Als Wolle bezeichnet man im Allgemeinen die Faser vom Fell des Schafes. Außerdem darf die Bezeichnung Wolle für ein Gemisch aus Fasern der Schafschur und zum Beispiel Alpaka,

Lama, Kaschmir oder ähnlichen Tierhaaren verwendet werden. Wolle macht zusammen mit Seide nur etwa 5 Prozent der Weltproduktion an Textilfasern aus (Baumwolle etwa 45 Prozent und Chemiefasern 50 Prozent).

Schurwolle nennt sich die vom lebenden Schaf gewonnene Wolle. Die von Natur aus stark gekräuselte Schurwolle sorgt in der Kleidung für einen hohen Lufteinschluß (bis zu 85 Prozent des Gesamtvolumens). Aufgrund ihrer chemischen Zusammensetzung und des relativ hohen Feuchtigkeitsgehaltes ist Wolle schwer entflammbar. Sie entzündet sich erst bei über 560°C, und nach Entfernen der Hitzequelle erlischt das Feuer meist von selbst. Die Schurwollfaser ist außerordentlich elastisch. Man kann sie bis zu 30 Prozent dehnen, ohne dass sie ihre ursprüngliche Form verliert. Auch der sogenannte Knicktest beweist ihre Stabilität: Während Seide schon nach 1.800 und Baumwolle nach 3.000 Knicken bricht, übersteht die Wollfaser bis zu 20.000! Der konstante Feuchtigkeitsgehalt verhindert eine elektrostatische Aufladung der Wolltextilien. Staub- und

Schmutzpartikel dringen nicht bis in die Faser ein; meist reicht schon Ausklopfen und Ausbürsten.

Knitterfalten glättet bereits ein Bad an der frischen (feuchten) Luft. Am besten hängen Sie ihre Wolltextilien (Pullover, Hose, Sakko) von Zeit zu Zeit ins feucht-heiße Badezimmer.

Kaschmir

Kaschmir (in englischer Schreibweise *Cashmere*) nennt man das sogenannte Flaumhaar oder »Duvet« der Kaschmirziege, welches durch Auskämmen oder Auszupfen einmal jährlich gewonnen wird. Es ist eines der angenehmsten und wertvollsten Materialien für Strickwaren. Wegen der geringen Ausbeute ist es aber auch sehr teuer: Ein männliches Tier »produziert« nur etwa 150 Gramm, ein weibliches Tier sogar nur 50 Gramm pro Jahr. Für einen Pullover benötigt man also die Jahresproduktion von etwa vier bis sechs, für eine Strickjacke sogar die von 20 Tieren.

Kaschmir entspricht in seiner Feinheit der allerfeinsten Merinoqualität. Da sich nur wenige einen Pullover aus reinem Kaschmir leisten können, werden meist Mischgewebe aus Kaschmir mit Merinowolle, Schurwolle oder Baumwolle verarbeitet. Kaschmirpullover sind unübertroffen weich und geschmeidig, temperaturausgleichend und wegen der hohen Elastizität der Fasern auch knitterarm.

Seide

Seide gehört zu den schönsten, teuersten, aber auch empfindlichsten Materialien. Ihre Besonderheit liegt in ihrem organischen Aufbau, der dem der menschlichen Haut ähnelt. Seide hat einen matten Glanz, ist temperaturausgleichend, sehr leicht (500 Meter Fadenlänge wiegen nur 1 Gramm!), nimmt Feuchtigkeit sehr gut auf, ohne gleich feucht zu wirken, und trocknet schnell. Seide hat im Vergleich zu anderen Naturfasern die höchste Reißfestigkeit, nämlich das achtzigfache des Eigengewichts. Je nach Mode wird Seide in verschiedenen Qualitäten verwendet. Bei Krawatten zu 100%, bei Pullovern oder Sakkos als Beimischung mit Schurwolle, Kaschmir oder auch Baumwolle.

Leinen

Leinen hat sich in den letzten Jahren in der Männermode durchgesetzt. Es ist eine aus der Flachspflanze gewonnene Bastfaser, die aus vielen durch Pflanzenleim zusammengeklebten Elementarfasern besteht. Es zeichnet sich durch hohe Festigkeit, kühlen Griff, angenehmen Glanz und geringe Saugfähigkeit aus. Die typischste Eigenschaft von reinem Leinen ist jedoch das starke Knittern; viele Männer mögen deshalb dieses Material nicht, weil sie glauben, es sehe unfein aus. Doch schon in den siebziger Jahren prägte ein Modedesigner den oft zitierten Ausspruch »Leinen knittert edel«.

Leinen wirkt lässig, nie offiziell, eben cool. Kleidungsteile aus Leinen sind leicht zu reinigen, flusen nicht und nehmen nur schwer Schmutz auf. Typisch ist die produktionsbedingte unregelmäßige Noppenbildung im Gewebe. Leinen lässt sich besser waschen und bügeln, als man allgemein annimmt.

Größentabellen

Die angegebenen Maße sind keine verbindlichen Angaben. Jede Firma hat einen eigenen Größenschlüssel. Wenn Ihnen ein Polohemd der Firma A in Größe L passt, dann ist es ohne weiteres möglich, das Ihnen von der Firma B das Polohemd erst in XXL passt. Daher ist es immer gut, das in der Regel anwesende Verkaufspersonal zu fragen, ob die Größe richtig ist.

Angegeben sind die wichtigsten Größen. Darüber hinaus gibt es natürlich auch noch Größen, die Sie in Spezialgeschäften bekommen.

Unterwäschegrößen

Deutsche Größen	Konfektions Größen	Internationale Größen
3	46	XS
4	48	S
5	50	M
6	52	L
7	54	XL
8	56	XXL

Bei den verschiedenen Hemdenherstellern gibt es gravierende Passformunterschiede! Viele Geschäfte bieten daher offene Probierhemden an, damit Sie herausfinden können, welches die beste Passform für Sie ist.

Hemdengrößen für Freizeithemden

37|38	S
39|40	M
41|42	L
43|44	XL
45|46	XXL
47|48	XXXL

Deutsche Hemdengrößen	Internationale Hemdengrößen in Inch
38	15
39	15 ½
40	15 ¾
41	16
42	16 ½
43	17
44	17 ½
45	17 ¾
46	18
47	18 ½
48	19

Jeansgrößen in Inch

44	30|32
46	31|32
94	32|34
48	33|34
24	33|30
50	34|34
25	34|30
98	34|36
52	36|34
26	36|32
102	34|36
54	38|34
27	38|32
106	38|36
56	40|34
28	40|32
110	40|36

Oberbekleidungsgrößen

Pullover Sweatshirt Poloshirts	Hose Sakko normal	Hose Sakko schlank	Hose Sakko unters.	Gürtel
XXS	44	88		75
XS	46	90	23	80
S	48	94	24	85
M	50	98	25	90
L	52	102	26	95
XL	54	106	27	100
XXL	56	110	28	105
XXXL	58	114	29	110
XXXXL	60	118	30	115

Schuhgrößen

US-Größen	Deutsche Größen
6	39
6 ½	39 ½
7	40
7 ½	41
8	41 ½
8 ½	42
9	43
9 ½	43 ½
10	44
10 ½	44 ½
11	45
11 ½	45 ½

Socken, besser Kniestrümpfe, sollten immer etwas größer gekauft werden, zum Beispiel bei Schuhgröße 44 Strümpfe in 45/46!

Schlussbemerkung

Wenn Sie das Buch bis hierhin gelesen haben: Glückwunsch! Dann sind Sie für Ihren nächsten Einkauf im Modegeschäft Ihres Vertrauens bestens gerüstet. Was kann jetzt noch schief gehen? Sie werden merken: Bekleidung einkaufen macht Spaß, Männermode einkaufen noch mehr! *Männermode in 60 Minuten* – was Sie fast für unmöglich gehalten haben – es war eine Stunde höchst informativer Lesegenuss. Oder?

STAUNEN IM STUNDENTAKT.
ENTDECKEN SIE DIE WELT
IN 60 MINUTEN.

Eine Anstiftung zum Denken.
Ein Spaziergang durch die Kultur.
Eine Erfrischung für Geist und Laune.

ISBN 978-3-85179-053-5

ISBN 978-3-85179-056-6

ISBN 978-3-85179-057-3

ISBN 978-3-85179-059-7

ISBN 978-3-85179-058-0

ISBN 978-3-85179-060-3

ISBN 978-3-85179-082-5

ISBN 978-3-85179-054-2

ISBN 978-3-85179-081-8

ISBN 978-3-85179-112-9

ISBN 978-3-85179-105-1

ISBN 978-3-85179-129-7

Keine dicken Wälzer.
Keine umständlichen Einführungen.
Keine Langeweile.
Ein Thema, ein Griff, eine Stunde Lektüregenuß.

Bücher für die Lust, etwas Neues zu erfahren.

Hinweise
Strichzeichnungen mit freundlicher Unterstützung:
Seite 19 und 20: Seidensticker (www.seidensticker.com)
Seite 23, 43, 47, 49, 54, 55 und 59: Cove & Co (www.cove.de)
Seite 35 und 36: März (www.maerz.de)
Seite 72, 73, 74, 75, 76: Lloyd Shoes (www.lloyd.de)

ISBN 978-3-85179-140-2

2. Auflage 2010
© 2010 Stefan Thull; www.stefanthull.com
© 2010 Thiele Verlag in der
Thiele & Brandstätter Verlag GmbH,
München und Wien

Covergestaltung: Christina Krutz, Riedstadt
Layout und Satz:
Christine Paxmann text • konzept • grafik, München
Druck und Bindung: Grasl Druck & Neue Medien, Bad Vöslau
Printed in the EU

www.thiele-verlag.com